Supersberger . An schean Tog

AF210873

Für Rosmarie

Eine gewisse Schwermut durchzieht wie
ein roter Faden die Gedichte von Franz
Supersberger. Verwurzelt im Land
Kärnten, schreibt er über Tradition, Alltag,
Einsamkeit, Sein und Schein in seiner
Umgebung. Die Gedichte enden bisweilen
unerwartet lapidar. *Eurojournal*

Franz Supersberger, 1951 in Ferndorf
geboren, lebt als Kaufmann in Arnoldstein,
Kärnten. Veröffentlichungen in
verschiedenen Literaturzeitschriften und
Lesungen im ORF. Regelmäßige
Veröffentlichung von Mundartgedichten in
der österr. Dialektzeitschrift
„Morgenschtean" und auf den
Internetseiten von www.franzstelzhamer.at
und www.e-stories.de

Franz Supersberger

AN SCHEAN TOG

MundArt

ISBN 3-8334-3251-9

Herstellung und Verlag:

Books on Demand Gmbh, Norderstedt

AN SCHEAN TOG . . .

IS ERSTE MOL

I woaß nimma woas
i da olls dazöhlt hon,
wia mir zwoa is erste mol
spaziern gongan san.
I hon Ongst ghobt,
doß wonn i zan redn aufhear
du ma davongeahst.
Kana hot in ondan gfrogt,
wia olt a is.

Monche Schmerzn san im
Thermalbod nit bessa woarn,
erst donn, wia mir zwoa
zan redn ongfongan hom.
De Vurstellung, doß
de Liab varrinnen kennt,
hot uns weahtoan ...

AUSZIAGN

Vur lauta Onsponnung
mecht i om liabstn
vom Stuahl aufsteahn
und ausn Zimma auße geahn.
De Wend ruckn imma
gleima zomm.
Vurm Fensta foahrn
de Autos mit hundat
Sochn vurbei, harinan
fong i on zan Schreibn.
Des hast mi ausziagn
und de foltige Haut herzagn.
I woaß nit, wer ma dabei
zuaschaut...

ALLANSEIN

Um nit allansein

in de Stodt einefoahrn,

iban Hauptplotz geahn,

in fremde Gsichta schaun.

Vur de Schaufensta steahn,

mit de Sochn nix onfongan kennan,

in a Cafe einesitzn und

Zeitungen onschaun.

Bam Hamfoahrn hots gregnat...

NOCHT

In da Nocht weckt mi
a Voglschra, a Krah
zabricht dos Fensta.
De Ongst sitzt auf
da Bettkantn.
Mit stoarke Schmerzn
woch wearn,
a Gfühl wia zan Schterbn.

Den Bsuch von de
Krah in da Fruah
hon i nit wolln,
se san von sölba kemman.
Seitdem homs kan
Tog ausglossn...

AN SCHEAN TOG

KOPFSCHMERZN

OHRNSCHMERZN

ZOHNSCHMERZN

PARKEMED

HOLSSCHMERZN

LIABSSCHMERZN

BRUSTSCHMERZN

THYREX

MOGNSCHMERZN

NIERNSCHMERZN

BUSCOPAN

KREIZSCHMERZN

HÜFTSCHMERZN

KÖRPASCHMERZN

ASPRO

AN SCHEAN TOG NOCH...

BSETZT

In da Nocht umormt
mi di Ongst,
da Frost fongt
mi zan Liabn on.
De Ongst vur da Nocht
konn i ma ausredn,
de Ongst bei Tog
vurm Lebn,
weard i nit
so glei los.
Dei Telefon is bsetzt...

GROD

Grod weil ma uns
schoan so long kennan,
grod weil ma imma guat
mitanond auskemman san,
grod weil ma uns
imma ols dazöhln,
grod weil ma uns
bade beim Redn
schwar toan,
grod desholb getrau
i mi nit sogn,
doß i di mog...

LIAB

Dos Morgnroat vadrängt
de schlechtn Tram
von da Nocht, es
leitet dos Telefon.
Obwohl i ka Lust hon
mit dir zan Redn,
legst du nit auf.
Dei woarme Stimm beruhigt
mei kronks Herz.

Du vasprichst ma dei Hülf
firn Tog und fir de Nocht,
fir a Dosein ohne Gscher,
nur mei Liab
wüllst du dafir hobn...

SOMSTOGNOCHT

Om Sunntogvurmittog
des Leintuch und in
Gulda wieda in Kostn
eineraman, weil
i di Somstognocht
nit getroffn hon.

Om Telefon klingt
dei Stimm wia da
Klong von ana Zithasaitn,
mit an jedn Sotz
ruck ma nächa zomm,
i spir dein Mund.
Wonn i mei Hond ausstreck
spir i a kolte Mawa...

VAWÖHNT

Du host mi in
da Fruh mit an
Kaffee vawöhnt,
mir den Gortnstuahl
in Schottn gstöllt,
auf mei Gsundheit
gschaut, mir gsogt
wia schean und
stoark i bin.
Monchmol is mir
bei dir so eng woarn...

WEITALEBN

Auf da hiagan
Bettkantn sitzn,
daweil du dazöhlst
vom nimma ausholtn
kennan, von da Ongst
vurm Weitalebn,
von deina Sehnsucht
nochn Schterbn.
Daweil möcht i da
a Bussl auf deine
schwoarzn Hoar unta
de Ochsln gebn...

WOCHN SPÄTA

Wochn späta host du dazöhlt

wia schean es in da

Psüchiatri gwesn is,

wo ane fir di ondre

dogwesn is,

wo ane da ondan zuaheart,

wo kane de ondre

ausgnutzt hot.

De Freind von dir hom

di imma ausgnutzt,

kana hot di richtig

gern ghobt.

I konn di vasteahn,

wenn du wieda zruckwüllst,

Wochn späta...

FURTGEAHN

De Muata hot beim Suhn
in da Stodt ongrufn,
er soll hamkemman,
da Vota is kronk, er steaht
vom Bett nimma auf, da Pforra
is a schoan dogwesn.
Wia da Suhn kemman is,
is da Vota beim Kuchltisch gsessn,
mit ana Deckn iba de Schultan,
a Teescholn vur seina und
hot de Zeitung glesn.

Glei amol is da Orzt kemman
und hot gmant, da Vota soll
sich im Spittol untasuchn lossn,
da Suhn kenntat ehn glei
mitnehman.
Da Vota hot nit mitfoahrn wolln,
er hot vurm Spittol Ongst ghobt,

mon hot ehn oba dazu übaredat.

Vurm Furtgeahn hot sich da Vota

in da Kuchl umgschaut und

is nimma zruckkemman...

VOTA

Nit wohr hobn wolln dos
in den Sorg da Vota drin is,
und sei Lebn zan End.
Aus da neichn Toatnhalle
weard a aufegfihrt aufn
neichn Friedhof.
Da Pforra fongt zan predign
on, von Trost, Kroft und
von da Aufastehung,
daweil da Sorg ins Grob
obeglossn weard...

MUATA

Da Muata ehrne Augn
schaugn gonz lebendig
aus ehrn Gsicht,
de Haut tuat sich um
de Wonganknochn sponnan.
Weils foast nix mehr heart
list se mit ehrne Augn
de Wörta von mein Mund.
Zan selba aufsteahn vom Bett
is se schoan zschwoach...

BSUCH

I hon de Muata im Spittol bsucht
und hon ehrne Händ gholtn,
de Orm woarn schoan gonz dinn.
Da Vurhong vom Fensta
is za Seitn gschobn gwesn,
sodos se auf de Sunnseitn
aufegsehgn hot.
De Herbstsunn hot gscheint,
es woar a stills Lächln auf
ehrn Gsicht.

I hon zua ehrn gsogt,
du wirst bold amol daham
vurm Haus auf da Bonk
in da Sunn sitzn.
Do hots ehrn Kopf gschüttlt
und an klan Schluck
von ehrna gliebtn Frucade gmocht.

Sie is glei miad woarn
und eingschlofn.
A poar Tog späta
is se gschtorbn...

SCHTERBN

De schlechtn
Schtroßnvahältnisse hom
ban Autofoahrn ka hohe
Gschwindigkeit dalabt.
Es hot stoark gregnat und
späta zan Schneibn
ongfongan, fir de Joahreszeit
vül zu frih.

Des Kronkhaus hot
ongrufn, i miaßat schnell
kemman, won i de Muata
lebenda sehgn wüll,
se liegt im Schterbn.
I hätt da Muata gern
nochamol woas liabs gsogt
oba i bin zspot kemman,
ehrne Händ woarn noch woarm.

I hon ihr fir olls gedonkt
und gsogt, drübn gibt's
kane Schmerzn mehr...

DA SCHROA

DA KRONKN

DA HUNGRIGN

DA EINSOMEN

DA MISSHONDELTN

DA VAZWEIFELTN

DA SCHLAFLOSN

DA STERBENDN

DA KINDALOSN

DA HILFLOSN

DA VATRIEBENEN

DA ORBATSLOSN

DA BEHINDERTN

DA SCHROA LEBT...

SCHMERZN

Wia de Schmerzn im Kreiz
kann aufrechtn Gong alabt hom,
hon i auf de Frog, wia geahts,
nimma glocht und gsogt,
mir geahts guat.

I wüll kane Schmerzn hobn,
i geah zum Fochorzt,
der schickt mi ins Spittol,
i kriag ane Infusionen,
es kimmt zu ana Oparation.

Von stoarke Schmerzn
woch wearn,
a Gfühl wia zan Schterbn.
Imma noch san de
Schmerzn do und
richtn sich ein zan Bleibn...

GLOSHAUS

A Vatreta wortat im Gschäft,

a Einkeifa is om Telefon,

de Frau Gerda wüll an

Vorschlog von mir,

da Vakeifa frogt, kemman

nächste Wochn de

neichn Fliesn?

Es is Trubl im Betrieb,

i schau aus mein Gloshaus

dem Treibn zua...

SHOPPING CENTA

Hintan Kuchltisch hom
sich de Prospekte von
de Shopping Centa gsommlt,
jedn Tog hot da
Brieftroga neiche gebrocht.
Da Oma ehrne Schuha san
iba zehn Joahr olt...

NOCHBOAR

A Bekonnta is mit
sechsevierzg Joahr bei
an Autounfoll vaunglickt,
im Fruhjoahr is da Nochboar
mit dreiesechzg Joahr on
an Schlogonfoll gschtorbn.
Do hon i gspirt, doß
da Toad mei Nochboar is...

LIABE WÖLT, GUATE NOCHT...

MARTIN

Seit sein Schualobschluß
steaht da Martin ols Vakaifa
hinta ana Budl.
A poarmol hota miasn sein
Orbatsplotz wechsln,
weil de klan Gschäfta von
de Einkaufscenta vadrängt
san woarn.
Om Sunntogvurmittog sitzt da
Martin beim Stommtisch im
Dorfgosthaus
und auf olle Frogn ontwortat er mit:
Grüaß Gott, grüaß Gott...

SINN

Iban Sinn vom Lebn,

iba de Zukunft vom Urt

oda goar von dera Wölt

is schoan vül gredat und

nochgedocht woarn.

Vom Tischla, vom Bawa,

vom Pforra und a vom Professa.

Da Gärtna sogt,

wonn mon ehn danoch

frogt, liabe Wölt,

guate Nocht, guate Nocht...

BAIRIN

Long hot de Bairin mitn Bawa
a in da Rentn dos Haus
und den Schtoll sauba gholtn.
Es woar imma epas zan toan.
Von ana Stund auf de ondre
hot da Bawa ins Spittol miasn,
bold drauf isa gschturbn.

Ihr Lebtog hot de Bairin
vül und schwar gorbat,
a Kind nochn ondan is kemman
und a wieda vom Hof gongan,
kans is gebliebn.
A Föld nochn ondan
is vakaft woarn,
dos hot weah toan...

RENTN

Seit da Rentn hot de Bairin
a klane Wohnung im Bawahaus
ghobt.Vom Schlofzimma hot se
in Hof obegsehgn, aus da
Kuchl hot se an
schean Blick ins Tol obeghobt.
Vur de Fensta is olleweil woas
gschehgn. In da Wohnung hot se
imma a Klanigkeit zan toan ghobt
und oft woar a Bsuch do.

Heit sitzt de Bairin im Oltasheim
in an klan Zimma im Rollstuahl,
in gonzn Tog laft da Fernseha.
Sölba red se nix mehr,
nur amol hot se zan Bsuch gsogt,
se mecht wieda ham...

MÖSLVOTA

Da Möslvota is seit
ana Wochn im Spittol glegn,
mon hot ehn a poarmol
untasuacht,
oba es is nix ernsts gfundn woarn.
Er hot vom Bett nimma
aufsteahn wolln.
Dos Weitalebn hot fir ehn kan
Sinn ghobt, wo de Jungan zhaus
ols vakaft hom, de Földa,
dos Vieh, den Wold.
Gessn hota a nix mehr...

RAUTA VOTA

In an ondan Tol hon i
bei ana Busholtestöll
in Rauta Vota mitn
krumman Ruckn steahn gsehgn.
I bin mitn Auto steahnbliebn
und hon ehn gfrogt,
ob i ehn mitham nehman
soll. Do hot sei Hond aufn
Higl aufegezagt.
„Seniorenheim" ist om
Haus gstondn.
Wieda daham im Urt bin
i bei de Rauta vurbeigfoahrn,
om umbautn Haus is
„Gästepension" gstondn.
Wonn de Gäst kemman,
wird da Plotz fir de
oltn Leit knopp...

KAISA

In da Mittn von da Haisazeiln
hot zu ebana Erd de Frau
mit de fettn Hoar und de
Foltn im Gsicht gwohnt.
Da schmole Körpa und
de schean fein Händ
hom nit zan oltn Gsicht passt.
Es woar, ols weans zwoa
vaschiedene Leit.

Om Obnd hots bei
offanan Fensta und
bei Kerznschein Klavier
gspült. Unta Togs is im
Urt kreiz und quer gronnt,
wia a valurenes Vieh.
In de Gschäfta hots ehrne
Gedonkn folln glossn,
so wia den:

Da Nochboar is so ibaflissig
wia da Kaisa...

KRIAG

Dos Belln vom Hund
hot in Nochboar gstert,
de Rosn de iban Zaun
gwochsn san
hota obgschnittn.
Im Gosthaus hota sich
driba aufgregt,
wia zwoa Nochboarvölka
gegnanond Kriag fihrn kennan.
De Alogscheine mit
de Spendnaufrufe
fir de Kriagsopfa,
fir de Hungandn,
de Erdbebenopfa
hota vahazt.
Es gibt sovül Noat
und Elend a bei uns do.
Den Alogschein fir
die Inlondshülfe hota wegghaut ...

KATZLMOCHA

Seitdem de Italiena
iba de Grenz kemman
und bei uns in
de Gosthaisa und Gschefta
sena Göld dolossn,
hot kana mehr iba
sena gschimpft und
se Katzlmocha ghaßn...

FLICHTLINGSKINDA

Ba da Orbat hom de
Mannda driba gschimpft,
doß olle Flichtlingskinda an
Plotz im Kindagortn kriagn.
Om Obnd hom de Mannda
in da Schtroßn, wo de Flichtlinge
a Untakunft gfundn hom,
Flichtlingsfraun gschaut.

Mit ana Göldspendn hot
mon sich vom Onblick
da Flichtlinge im Urt
freikafn kennan...

FLOHMORKT

Aus zwoa Lautsprecha hot
de Volksmusik durchs
Dorf gjodelt. In ana Eckn
vom Dorfplotz homs Brotwirschtln
und Kotlett gegrüllt
und Bier ausgschenkt.

Hinta de Standln san de
Helfa im Trochtnonzug
gstondn. De Sunn hot
vom Himml obaghazt.
De Dorfleit hom in de
Flohmorktsochn umagwühlt,
oba vur lauta Gschamigkeit
nix kafn getraut.
Om Nochmittog san
de Gostorbeita aus
da Stodt kemman...

FOARBN

Ols Kind kimmst
in de Schual,
do woaßt du nit,
host an Rotn, an Schworzn
oda an Blobm ols Direkta.

Ols Junga geahst du
za an Varein, do merkst
schoan sölba, ob du bist
bei de Rotn, de Schworzn
oda de Blobm.

Ols Awochsena suchast
a Orbat, a Wohnung
oda host sunst ane Surgn,
do frogns di zerst
wölche Parteifoarb du host...

KRONK

Monchmoal weards ihm zvül,
donn geaht a von da Orbat weg,
legt sich auf a Bonk im Park.
De Autos nennt a an Fluch,
de Schipistn toan de
Olmwiesnan zastern.
Oft weard iba ehn gredat,
der is im Kopf kronk.

De an foahrn mitn Auto
hundat Meta zan Zigarettn kafn,
de ondan schmeisn de neichn
Schuah aufn Müll, es is grod
wegn da Foarb. Ausn Park
soll a Parkplotz wearn.
Er glabt de Menschn san kronk...

OBND

Om Obnd ziagt sich

dos Leben von da Schtroßn zruck

und nimmt vurm Fernseha Plotz,

de Vurhäng san zuazogn.

Mit an Hunga zan Tisch

zuawesitzn, frogn woas es

zan Essn gibt,

daweil de Ongst vurm

morgign Tog zuanimmt.

In de Gosthaisa steahn

a poar on da Budl und

schaun ins Glasl...

VAKAIFARIN

Ols Vakaifarin zagst imma
a freindlichs Gsicht,
a wonn du mitn Freind
Streit ghobt host,
bade Fiaß ongschwolln san
und du de vüle Orbat nit schoffst.

Long host du gstrebt
noch Glick, noch Onsehn
noch Göld. Heit freist di
iba an schmerzfrein Tog…

SPEARMÜLL

Vurm Haus aufn
Geahsteig steaht a Bett,
a Schronk, a blinda Spiagl
und a Kuchltisch.
A ongschloganes Woschbeckn,
de Amatur von ana Bodewonn
und vaschiedane Lompn.
A poar olte Kochtöpf, Bichar
und de „Bunte" von fünf Joahr.
Bold kimmt de Müllobfuhr und
fiahrt den Hausrot da vastorbanan
Schneidamasterin weg...

VAGESSN

Jede Pforrei hot senan
Friedhof. De Ane an klanan,
de Ondre an greaßarn,
da Ane liegt auf an Higl,
da Ondre vurm Dorf.
De an hom an Grobstan
aus Granit, de ondan
an aus Marmor und
ondre a anfochs Holzkreiz.
Es is a Kompf gegn dos Vagessn...

FUCHZG JOAHR

Fuchzg Joahr späta hot
a gebüldeta öltara Herr
gmant, dos de heitige
Jugend an Orbatsdienst
brauchat, so wia untan
Hitla.

Sechzg Joahr späta hom
de Hitlaonhänga behauptat,
dos von de Nazis kane Judn
in Viehwaggons in de KZs
vaschickt san woarn.
Se hom gsogt, doß noch
im vierevirzga Joahr
jidische Fraun in Pelzmäntl
im Speisewogn gsessn san
und noch Amerika ausgreist san...

DACHAU

In da Eingongshalle
vom KZ Dachau hängt a
groaße Kortn von Europa
mit vüle Punkte drauf,
von da Nordsee bis
oba zan Mittelmeer.
Dos san in da Nazizeit
ols KZs und deran
Außnloga gwesn.
Es schaut aus,
ols wär Europa
von an Hautausschlog
befolln gwesn...

STEIN

Bei de Gedenkkreiz
fir de politischn Opfa
da Nazizeit in Stein hot
a junga Herr zu mir gsogt,
doß in de KZs de
Häftlinge a on an
natirlichn Toad gschtorbn san.
A natirlicha Toad woar
on Hunga, Erschöpfung,
oda Mißhondlungen schterbn...

ZWOATE HAMAT...

HAMAT I

MEI HAMAT

IS MEI HEMAT.

MEI HEMAT

IS MEI HAMAT...

HAMAT III

Vurbeifoahrn on da Fabrik,
mit da Sehnsucht im Koffaraum
noch da Hamat ols Kind.
De schmole Bergschtroßn schiaßt
is Auto aufe wia a Vogl, de Seel
is no weita vuraus.

Gonz longsom um de letzte Kurvn
umafohrn und in Hof einebiagn.
Im Schtoll san kane Vieha mehr,
dos Hei von de vurign Joahr
modat aufn Tennbodn dahin.
Om Motormäher hängan de
Spinnwebn. Es is still woarn
im Schtoll harin...

MOCHA

Wia de Mocha wieda
im Extrastüberl vom
Dorfgosthaus zomm gsessn san
und driba gsprochn hom,
man miasat fir de Hamat
woas toan,
an greaßan Lift,
an Golfplotz,
a neichs Schwimmbod,
do homs mit Hamat
ehrna Brieftoschn gmant...

ZWOATE HAMAT

Wias Erbtal vasoffn
gwesn is,
da Bruda gheirat hot
und er vom Hof
geahn hot miasn,
do hota im Woarteraum
vom Bohnhof sei
zwoate Hamat gfundn...

VASTÄNDIGUNG

Za Vaständigung zwischn de
Nochboarstootn hots gemeinsome
Liedaobende, Feiawehrfeste
und Spurtvaonstoltungen gebn.
De Politika hom
scheane Redn gholtn
und Freindschoftsbsuche gmocht.
Za Vaständigung zwischn
de Volksgruppn im Urt
hot kana woas geton,
ka Politika hot driba gredt...

KARNTNERRISCH

Karntnerrisch,

dos greift auf`s Gmüat,

dos greift auf`n Vastond,

dos greift noch de Seen,

dos greift noch de Berg,

dos greift noch de Ondasdenkende,

da Jauchza is a Schrrroooaaa

der nit vahollt,

jo grüaß enk gooott...

KARNTNALOND

A jede Partei hot gsogt,

es geaht ihr ums Karntnalond,

um de Karntna Seen,

um de Karntna Berg,

um de Karntna Leit und

um de Karntna Kasnudln...

OTTO

Gott

Ott

Otto

Ogottogott otto

Grüaß gott

Grüaß otto

Karntnerisch

Karntnerisc

Karntneris

Karntneri

Karntner

Nerisch

Erisch

Risch

Isch

Karntnerisch

Jo grüaß enk gott

Otto

WOHLWREBUNG I

De Wohlwerbung is ka

Wettstreit um de bestn Leit,

bestnfolls a Streit um

den bestn Spruch,

den scheanstn Kanditatn,

aufn scheanstn Plakat.

Vur da Wohl hot mon

entlong da Schtroßn,

aufn Gemeindeplotz,

vurm Einkafszentrum,

Tofln mit de

Politikagsichta aufgstöllt.

De Eifrign hom a om

Friedhof Plakatstända hingstöllt...

WOHLWERBUNG II

De Partein hom
de scheanstn Plätz fir
ehrne Vaonstoltungen obgsperrt,
de bestn Musika spüln auf,
de feinstn Gosthaisa san
fir se resaviert.
De scheanstn Postn wearn
on de Funktionäre vagebn.
Dos Lond gheart dem Volk...

PROFIL

Vur jeda Wohl hom
de Politika neiche
Orbatsplätz vasprochn,
von Joahr zu Joahr sans
weniga woarn. De Woar is
in Fern Ost billiga hergstöllt
woarn. Fir de Fabrik hots ka
Förderung mehr gebn.
Do hom de Urtspolitika gmant,
mit da Kultur kennt da Urt
a neichs Profil kriagn...

KULTUR

Nochn Aufhängan

von de Werbeplanen

da Karntna Brauerei und

da Raiffeisenkassa im Kultursool

und noch da Valeihung

da Urkunde firn bestn Speck,

is de Kulturwochn im Kulturhaus

feialich eröffnet woarn.

Om Lond

hom in de Gosthaisa

Büldaausstellungen

Saison ghobt.

So belebt der Frauenakt

den Verzehr von Blutwurst

und Zweigelt blau...

KULTURTOGE

SPROCHKULTUR

MUSIKKULTUR

ESSKULTUR

TRINKKULTUR

BAUKULTUR

KÖRPAKULTUR

SPECKKULTUR

OBSTKULTUR

NOKTKULTUR

INTERNETKULTUR

PFLONZNKULTUR

MODEKULTUR

WEINKULTUR

SCHTERBEKULTUR

DOS BUFFET IS ERÖFFNET...

DORFPLOTZ

Da olte Dorfplotz is vakemman,
neamd mehr hot auf ehn gspült,
von de laarn Haisa is
da Vaputz obablattlt.
De Leit san in de neichn
Wohnblöck om Ortsrond
gezogn, de Gschäfta ins
neiche Gemeindezentrum
mit Parkplätz vur da Tir.
De Staudn und dos Groas hot
sich Stick fir Stick iban oltn
Dorfplotz ausgebratet.

Wia mehr Gäst ins Dorf
kemman san, hot man gmant,
da olte Dorfplotz kehrat saniert,
er war woas zan herzagn.
De Haisa rund uman Plotz san
außn mit kräftige Foarbn

ongstrichn woarn.

Mit Asphalt homs olls zuadeckt
und drauf de Betonträg fir
de Bluman gstöllt.

Za Eröffnung vom Dorfplotz,
mit Musi und Biar, san de Leit
von ehrne Wohnblöck kemman.

A poar Stundn woarn olle lustig,
donn sans wieda zruck in ehrne
neichn Wohnungen.

Dogebliebn is kana...

DONK

Bei ana Bürgavasommlung

iba de Umweltbelostung,

hot sich da Werksdirekta

ba da Bevölkerung bedonkt,

doß se johrzehntelong de

Obgase gschluckt hom.

In an jedn Schwammalan

is a bißl Blei,

a bißl Cadmium,

dos Gift hot sich im

Lebn eingnistat...

FASSADN

Iba de Schlogzeiln in de
Zeitungen von da vaseichtn Erdn
oda von da schlechtn Luft hom
sich de Gemeindepolitika gärgat,
wos de Fassadn von de Haisa mit
siaße Foarbn onstreichn hom
lossn und do schaut jemond
hinta de Fassadn...

VAGIFTUNG

Wia de erstn Leit wegn
Bleivagiftung ins Kronknhaus
gschickt san woarn hot mon
gsogt, in ondre Industrieurte is
de Vaschmutzung vül schlimma.
Nur an Noman hot kana gwußt...

SANIERUNG

Iba de Berichte
im Fernsehn von da
vaseichtn Erdn hom
sich de Gemeindepolitika
gärgat, wo mon ban
Hinschaun nix gmerkt hot.

A poar Joahr späta hom
de Gemeindepolitika driba
gschimpft, dos des Göld
fir de Bodnsanierung nit
auszohlt woarn is...

ENTSORGT

Wias unmöglich woarn is

vur de Leit zan vatuschn,

doß de Erdn vaseicht is,

hot mon gsogt,

de Erdn weard entsorgt,

umwöltfreindlich...

BÜRGABEWEGUNG

Mir schimpfn iba de
Fabrikn de des Wossa
und de Luft vaschmutzn,
iba de ibaflissign Sochn
in da Wohnung.
Om longan Einkaufssomstog
sama zan Einkafn in da Stodt.

Da Sprecha von da
Bürgabewegung gegn de
Müllvabrennung hot im Werk
a Orbat kriagt,
do hota gmant, de Obgase
wearn ibaprift...

KLANIGKEIT

Auf da Bundesschtroßn san
de Leit om Gmischtwoarngschäft
vurbei zua de Einkaufscenta
in de Stodt gfoahrn,
imma weniga san steahnbliebn.

Wias Gmischtwoarngschäft
wegn zwenig Kundschoft
zuagsperrt hot,
hom de Leit geklogt,
mir miasn wegn jeda
Klanigkeit in de Stodt foahrn...

URTSKERN

Wia de Wend von de Haisa
mit siaße Foarbn ongstrichn
san gwesn und do Dorfplotz
von de Postkortn obagstrohlt hot,
hot mon sich ums Lebn
hinta de Wend nimma kimmert.

Aus de oltn Haisa
im Urtskern san de
Einheimischn auszogn,
es woar ka Bod und ka Kloo
in de Wohnungen.
Iba de Auslända de in
de oltn Haisa einzogn san
hot mon gsogt,
se nehman in de Einheimischn
de Wohnungen weg...

URTSBÜLD

Nochn Toad vom Monn
is mitn Hund allan in
da Wohnung gsessn.
Wias auf ehm nimma
zan schaun hot ghobt,
hot se sei selba a
nimma hergrichtat.
De vakummene Weis
hot de Dorfleit gstört,
des passt nit zum
neichn Urtsbüld...

URT

Unta da Urtstofl homs
dos Schüld Ferienurt
ongschraubt, so semma
za an Fremdnvakehrsurt woarn.
Da Vota, da Großvota und
da Urgroßvota san stolz auf
senre Orbatahänd gwesn
und de Orbat in da Fabrik...

WONNS FRUHJOAHR KIMMT...

FEIA

Za hundat Joahrfeia
von da Lokalbohn san
de Ehrngäst mit an Sondazug
zan Frühschoppn kemman,
da Birgamasta hot
se begriaßt.
Drei Monat späta hot
da Aufsichtsrot gsogt,
de Bohnstreckn is nit rentabl...

FRUHJOAHR

Wonns Fruhjoahr kimmt,

de Költn vaschwind,

dos Eis schmülzt,

da Schnea vur da Tir

vageaht, donn liegt

do da Liabstram,

dos Wunschkind,

de Hochzeitsreise.

Dos Allansein vur

de Tir ausestölln,

weil Flohmorkt is...

GREAN

Nebn da Autobohn
fongan im Fruhjoahr imma
weniga Bama zan greanan on.
Olle Joahr wearn de
kronkn Bama gschlägat.
In de Onsprochn von de
Politika san de Wörta mit
greana Foarb ongstrichn.

Nebn da Autobohn
wearn imma mehr
Lärmschutzwänd aufgstöllt,
imma weniga sihgt
ma vom Lond.
Des kimmert eh kan,
de do durchrasn...

SCHTROSSN

Gegn den Bau ana
Schtroßn durchn Auwold
hom sich olle gwehrt.
Za jeda Bürgavasommlung
san de Leit kemman,
oba jedsmol weniga.
De Politika hom zuagwortat,
wia nur mehr a poar kemman
san homs gmant,
es san eh olle dafir...

SCHÜTT I

Da Berg hängt
tiaf üba deina,
a schwoarze Furchn
durchziaht di da Längs.
Du host jezan a ehlane
und a hiagare Seitn.
De Bachln homs in
Betonrähr einegezwengt,
firn Lärm von da Autobohn
gibt's ka Grenz.
Meine Tram san auf
da ehlan Seitn,
i bin von meine Tram getrennt...

(Schütt – Naturpark Schütt)

SCHÜTT II

A Maschnzaun wo mon
friha frei geahn hot kennan,
vül Lärm und Autos,
wo mon friha
allan sein hot kennan,
vül Asphalt und Beton,
wo friha de Hopfnbuchn
gwochsn san...

Ssst, ssst, ssst...

Hintan Wüldzaun steahn,

de Sunn scheint ma

ins Gsicht.

Zwischn hiagan und

ehlan Wüldzaun foahrn

de Autos wia in an

großn Käfig dahin.

Ssst, ssst, ssst...

Ols Bua bin i gern in de

Tierschau Offn schaun gongan.

Hinta da Autoscheibn

ziagn de Leit

olle mäglichn Gsichta.

Ssst, Ssst, Ssst...

DRAUTOL

Von da Sunnseitn ins Tol
obeschaun, sehgn wia de
Lostwogn den Sond
und den Zement ibas
Feld zu de Kroftwerksbaustelln
fihrn. Om Tolbodn
homs de Blechhüttnan
aufgstöllt und de Bagga orbatn
bei Tog und ba da Nocht.

Inmittn vom Tol is a offene
braune Wundn, de Schroa von
de obgholztn Bama
und Streicha steign vom
Tolbodn in de Sunnseitn aufa.
Dos Rauschn da Drau,
dos i gheart hon,
wonn i aufgstondn
und wonn i schlofn gong

bin is vastummt. Jetzt liegt de
Drau stüll und miad im Bett
und man waß nit,
ob ihr Schterbn schoan ongfongan
hot...

MADL

A Kindawogn mit

an liabn Madl,

a Muata mit

an schean Gsicht.

Rechts und links Birkn

mit greane Blattln,

a leichta Wind.

Bluman in olle Foarbn,

im Brunnan spiaglt sichs Gsicht.

De Polman toans vom

Gwächshaus ausa stölln,

de Sunnanstrohln färbn

de Wangalan roat.

Bam Hamfoahrn hot a Auto

den Kindawogn ibarollt...

OSTAN

De Leit san vur
da Kirchn gstondn,
iba de Friedhofsmawa
is da Obnd kemman,
a kolta Wind hot de Leit
tiaf in Rock einekrichn lossn.
Dos Ostafeia hot gebronnt,
de Leit hom ehrne Kerzn
onzünd und san in de
finstre Kirchn einegongan.
In da Kirchn is es nie
gonz hell woarn...

TOURISMUS

SUMMATOURISMUS

WINTATOURISMUS

BERGTOURISMUS

SONFTATOURISMUS

SEXTOURISMUS

KULTURTOURISMUS

SPROCHTOURISMUS

BODETOURISMUS

SCHITOURISMUS

MÜLLTOURISMUS

BABYTOURISMUS

SINGLETOURISMUS

SENIORNTOURISMUS

INDUSTRIETOURISMUS

URLAUB BEI FREUNDEN...

SUMMA

Im Summa weard olls zua da
Untaholtung fir de Fremdn getoan.
In an Seeurt feians zwoamol
Kirchtog im Joahr.
Im Summa fir de Fremdn,
im Hearbst fir de Einheimischn...

KIRCHTOG

Aufn Kirchtog,

de Hitz des heit hot,

a kolts Bier is jezan dos Richtige.

Du woarst lustiga ols mir,

seit drei Joahr woarst

schoan kronk,

om Bluat und on da Seel.

Du host gwußt dei Lebn

is bold zan End.

Wonn fongt de Musi zan

spüln on?

Uns woar longweilig, weil

fir uns a nächsts Joahr

wieda Kirchtog sein weard...

FREIBOD

A Sunntog mit Temparaturn
iba dreißg Grad,
vurm Freibod gibt's
kan frein Parkplotz mehr.
Olls nehman de Leit
ins Bod mit:
Dos Radio, de Spülkortn,
de Tante, de Jausn.
Durt hot olls sein Plotz,
de Klankinda beim Planschbeckn,
de Buam und Madln bei da
Wossarutschn, de Dorfscheanen
auf da Sunnenbonk,
in da Nähe de Burschn
und de oltn Herrn,
de Pensionistn sitzn im Schottn.

Im ibafülltn Freibod noch
dir zan suachn onfongan,

de laare Deckn von dir findn

und wiaßn, dos du glei

kemman wearst...

OLLASÖLNTOG

Da Ollasölntog woar
a woarma klora Herbsttog,
mir woarn im Wold vom Kaisatol,
ka Vakehr, ka Lärm, a Ruah.
Da Bawa hot mitn Ruckkorb
dos Laab in Schtoll einegetrogn,
im Hausgartl hom noch
de Bluman geblieht
und du woarst bei mir...

IBAN WINTA

Iban Winta hot da Oltbawa
nit vül Möglichkeitn ghobt
za Untaholtung.
Wenna vurs Haus ausegongan is,
is ehm glei amol kolt woarn,
a de Fiaß hom ehm weah toan.
Vurm Eis auf da Schtroßn
hota a muads Ongst ghobt,
sei Stock hot do a
nit vül gholfn. Om liabstn
isa in da woarman Kuchl gsessn,
hot sein Schnopstee getrunkn
und a bissl Radio glosnat.
Oft hota za seina Frau gsogt,
im Fruhjoahr deis wieda
bessa wearn,
im März isa gschtorbn...

SCHNEA

Olls hot mon om
Berg gebaut,
a neiche Schtroßn,
an Parkplotz und an
Schilift. An Schivaleih
im Tol, a Gosthaus om Berg.
An Schlepplift und
a Märchnwölt fir de Kinda.
Dos ka Schnea kemman kennt,
dron hot kana gedocht...

MÖLLTOLLEITN

In da Mölltolleitn,

in da Sunneseitn,

steaht a olts Bawahaus

und a neicha Schtoll danebn.

De Christnocht is

kolt und kloar.

Da Bawa red mit

de Viecha im Schtoll,

de Kinda sitzn

bam Christbam in da Stubn...

CHRISTBAM

Von Joahr zu Joahr hom
aufn Christbam om
Morktplotz imma mehr
elektrische Kerzn Plotz ghobt.
Iban Weihnochtsvakehr homs
de Weihnochtsstern onbrocht.
Da Weihnochtsrumml
is mehr woarn,
de Zeit firn ondan weniga...

WEIHNOCHT I

Bei vüle Schaufensta vurbeigeahn,
bei sovüle Sochn nit wiaßn
woas schenkn, vülleicht
is dos Christkindl a Gutschein.
Im Lodn von da Caritas suacht
a Tirkin noch zwoa Pullova
fir ehrne Kinda...

WEIHNOCHT II

Wias om heilign Obnd

zan Schneibn ongfongan hot

und i mitn Auto nit za de

Vawondtn foahrn hon kennan,

do sans scheane Weihnochtn

gwesn...

HEILIGN OBND

Om heilign Obnd
hots zan Regnan ongfongan,
da Regn hot in Schnea
und a de Weihnochtsstimmung
furtgschwemmt.
Umas Haus hots des
Grümpl ausagapert.
Im Haus san de oltn
Streitigkeitn zwischn de
Leit zan Vurschein kemman...

INHALT

AN SCHEAN TOG

Is erste Mol 6
Ausziagn 7
Allansein 8
Nocht 9
An schean Tog 10
Bsetzt 11
Grod 12
Liab 13
Somstognocht 14
Vawöhnt 15
Weitalebn 16
Wochn späta 17
Furtgeahn 18
Vota 20
Muata 21
Bsuch 22
Schterbn 24
Da Schroa 26
Schmerzn 27
Gloshaus 28
Shopping Centa 29
Nochboar 30

LIABE WÖLT, GUATE NOCHT

Martin 32
Sinn 33
Bairin 34
Rentn 35
Möslvota 36
Rauta Vota 37
Kaisa 38
Kriag 40

Katzlmocha 41
Flichtlingskinda 42
Flohmorkt 43
Foarbn 44
Kronk 45
Obnd 46
Vakaifarin 47
Spearmüll 48
Vagessn 49
Fuchzg Joahr 50
Dachau 51
Stein 52

ZWOATE HAMAT
Hamat I 54
Hamat III 55
Mocha 56
Zwoate Hamat 57
Vaständigung 58
Karntnerrisch 59
Karntnalond 60
Otto 61
Wohlwerbung I 62
Wohlwerbung II 63
Profil 64
Kultur 65
Kulturtoge 66
Dorfplotz 67
Donk 69
Fassadn 70
Vagiftung 71
Sanierung 72
Entsorgt 73
Bürgabewegung 74

Klanigkeit 75
Urtskern 76
Urtsbüld 77
Urt 78

WONNS FRUHJOAHR KIMMT

Feia 80
Fruhjoahr 81
Grean 82
Schtroßn 83
Schütt I 84
Schütt II 85
Schütt III 86
Drautol 87
Madl 89
Ostan 90
Tourismus 91
Summa 92
Kirchtog 93
Freibod 94
Ollasölntog 96
Iban Winta 97
Schnea 98
Mölltolleitn 99
Christbam 100
Weihnocht I 101
Weihnocht II 102
Heilign Obnd 103